LES ANIMAUX SE NOURRISSENT

L'édition originale de cet ouvrage
a paru sous le titre: *Animal Food*

28 Percy Street, London W1P 9FF

Adaptation française de Christine Leplae-Couwez

D/1992/0195/104
ISBN 2-7130-1388-7
(édition originale: ISBN 0-8120-6302-3)

Exclusivité au Canada:
Les Éditions Héritage Inc.
300, rue Arran
Saint-Lambert (Québec) J4R 1K5
Dépôts légaux, 4e trimestre 1992
Bibliothèque nationale du Québec
Bibliothèque nationale du Canada
ISBN 2-7625-7267-3

Imprimé en Belgique

VOILÀ COMMENT

LES ANIMAUX SE NOURRISSENT

ÉDITIONS GAMMA – ÉDITIONS HÉRITAGE

Que mangent les animaux?

Les animaux ont besoin d'une grande quantité de nourriture pour faire le plein d'énergie. Ils passent le plus clair de leur temps à rechercher cette nourriture... et à éviter d'être mangés eux-mêmes! Certains ne mangent que de la viande. D'autres sont végétariens. D'autres encore mangent de tout. Beaucoup possèdent des caractéristiques particulières leur permettant d'atteindre et d'attraper leur nourriture. Découvre comment l'animal trouve sa nourriture et quelques-unes des choses parfois bizarres qu'il mange.

Quel animal a le plus gros appétit ?

L'énorme rorqual bleu a un appétit gigantesque. Il ne se nourrit que de petites créatures ressemblant à des crevettes, appelées krill, mais il peut en manger jusqu'à 4 t par jour. C'est comme si tu mangeais plus de 1 000 pommes chaque heure du jour et de la nuit !

Quel animal a une faim dévorante?

La musaraigne pygmée a *toujours* faim. Une musaraigne adulte pèse à peine le poids d'une balle de ping-pong, mais elle mange plus que son propre poids chaque jour. Elle mourrait de faim si elle se trouvait privée de nourriture pendant trois heures à peine.

Quels animaux enserrent leurs proies jusqu'à ce qu'elles meurent?

Le boa constrictor et le python s'enroulent autour de leur proie et la serrent jusqu'à ce qu'elle meure. Ensuite, ils l'avalent tout entière, la tête la première. Ces serpents sont capables d'ouvrir leurs mâchoires si fort qu'ils arrivent à avaler une antilope!

Combien de temps les serpents peuvent-ils se passer de nourriture?

Les serpents peuvent se passer de nourriture pendant très longtemps. Au cours d'une expérience, un crotale ne mangea rien pendant trois ans. Il perdit du poids, mais s'allongea!

Quel poisson tire sur sa nourriture?

Le poisson-archer envoie sur sa proie un jet d'eau qu'il souffle de sa bouche! Lorsqu'il voit un insecte sur une tige, il projette un jet d'eau dans sa direction pour l'assommer et le faire tomber dans le courant. C'est un tireur d'élite. Adulte, il peut assommer des insectes jusqu'à 1,5 m de distance.

Quels animaux piègent leur nourriture dans un filet?

De nombreuses araignées tissent une toile de soie pour piéger des insectes qu'elles mangeront ensuite. Une toile paraît fragile, mais la soie peut être extrêmement solide. Elle est couverte de colle gluante empêchant les insectes de s'échapper.

Quels animaux ne sont pas comestibles?

Si un animal a des couleurs vives, cela signifie souvent qu'il n'est pas comestible. Les animaux ayant des bandes rouges et noires, jaunes et noires, bleues ou blanches, peuvent être venimeux ou piquer.

Quel animal a la même odeur que sa nourriture?

Le koala est très exigeant sur la nourriture. Il ne se nourrit que de feuilles d'eucalyptus, et uniquement de 30 des 500 espèces d'eucalyptus existants. Il en mange de telles quantités que souvent, il sent la même odeur.

Quel animal a recours au leurre?

La réduve se nourrit de minuscules insectes, appelés termites. Elle dispose d'une technique inhabituelle pour les attraper. Elle se place près d'une termitière et imite le corps d'un termite mort tout près du trou d'entrée. Un autre termite sort pour saisir le cadavre. Elle bondit alors sur le termite vivant.

Quel animal utilise sa propre queue pour échapper à un ennemi?

Lorsque l'eumèces est attaqué, sa queue se casse net. Celle-ci continue à remuer et attire ainsi l'attention de l'ennemi. Ce qui donne le temps à l'eumèces de s'enfuir!

Quels animaux se nourrissent de sang?

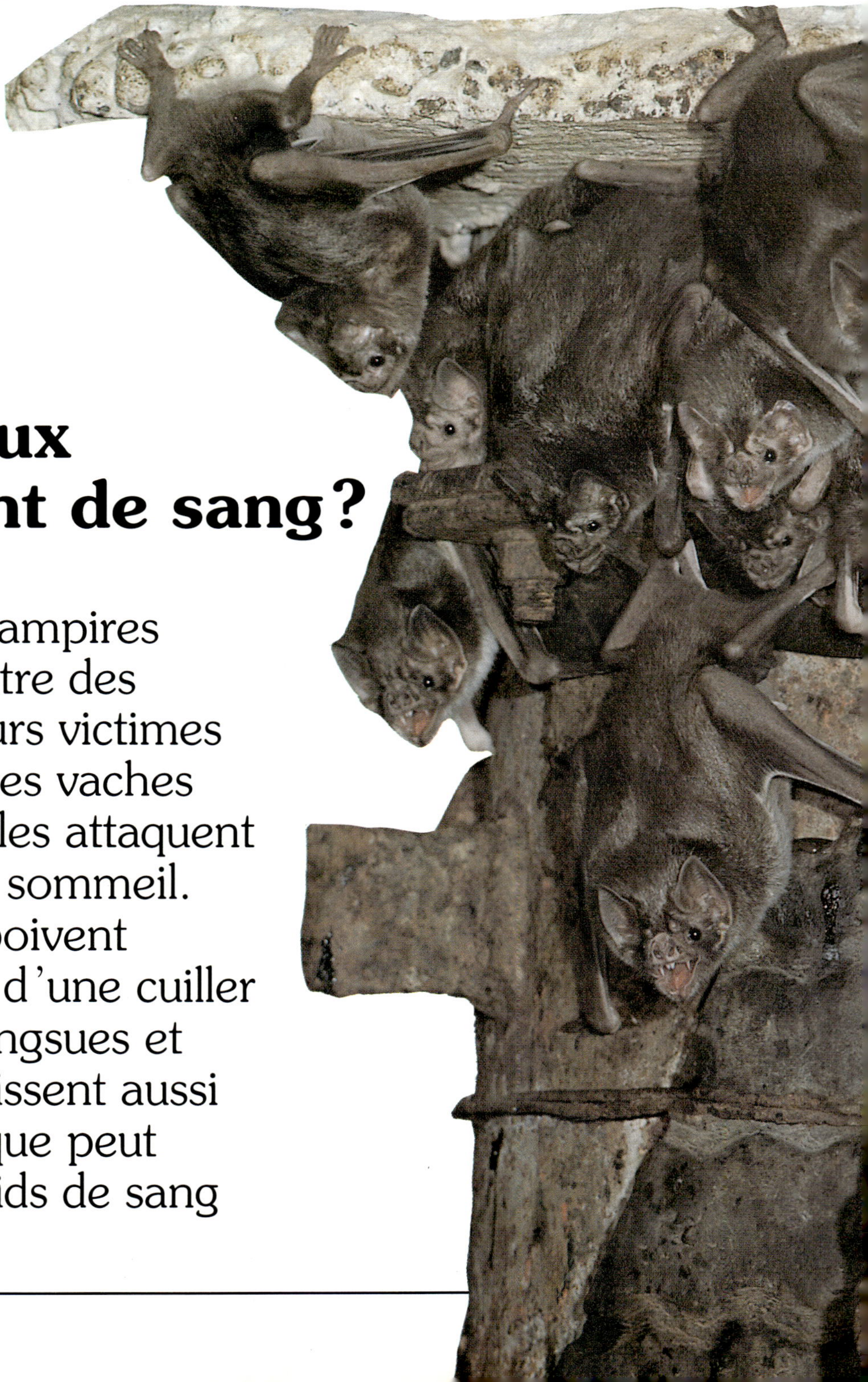

Les chauves-souris vampires sont connues pour être des suceurs de sang. Leurs victimes sont généralement des vaches ou des oiseaux qu'elles attaquent la nuit, pendant leur sommeil. Certains vampires boivent presque l'équivalent d'une cuiller de sang par nuit. Sangsues et moustiques se nourrissent aussi de sang. Un moustique peut boire son propre poids de sang à chaque piqûre!

Certains animaux mangent-ils des hommes ?
Beaucoup d'histoires sur des animaux mangeurs d'hommes ne sont pas vraies. Il arrive que certains animaux affamés mangent des êtres humains. Le grand requin blanc confond parfois un homme avec un grand poisson !

Quel animal semble manger avec son nez ?

Le grand fourmilier (ou tamanoir) possède un long museau muni d'une très longue et solide langue. Il mange plus de 20 000 fourmis et termites par jour. Pour les trouver, il détruit une fourmilière grâce à ses pattes et y introduit sa bouche. Ensuite, par un mouvement de va-et-vient de sa langue, il capture ses proies. Il peut attraper environ 500 fourmis en une fois !

Quel animal a les plus grandes dents?

Deux des dents supérieures de l'éléphant constituent ses défenses. Certaines d'entre elles peuvent atteindre une longueur supérieure à 3,30 m.

Quels animaux salent leur nourriture ?

Certains scientifiques japonais ont nourri un groupe de macaques avec des pommes de terre douces. Les singes ont commencé par les laver dans une flaque. Ensuite, ils ont découvert qu'en les lavant dans l'eau salée, elles prenaient un goût plus prononcé.

Quels animaux se transforment en réserves de nourriture ?

Les fourmis à miel stockent de la nourriture dans le corps de certaines fourmis ouvrières. Ces minuscules insectes mangent tant de miel qu'ils prennent la taille d'un grain de raisin ! Ils pendent au plafond du nid. Les autres fourmis utilisent leur miel lorsque la nourriture se fait rare.

Quel animal utilise une fourchette?

Le chimpanzé mange des termites en utilisant un bâton exactement comme toi, lorsque tu te sers d'une fourchette. Il pèle l'écorce du bâton et l'introduit dans la termitière. Lorsqu'il retire le bâton, celui-ci est couvert de termites. Il ne lui reste plus qu'à les déguster. Les chimpanzés ont également appris à tremper les feuilles dans l'eau et à les tordre comme une éponge lorsqu'ils ont soif.

Quel animal utilise un casse-noix?

Pour ouvrir une moule, la loutre de mer se couche sur le dos, une pierre posée en équilibre sur son ventre. Ensuite, elle frappe la moule contre la pierre jusqu'à ce que la coquille s'ouvre.

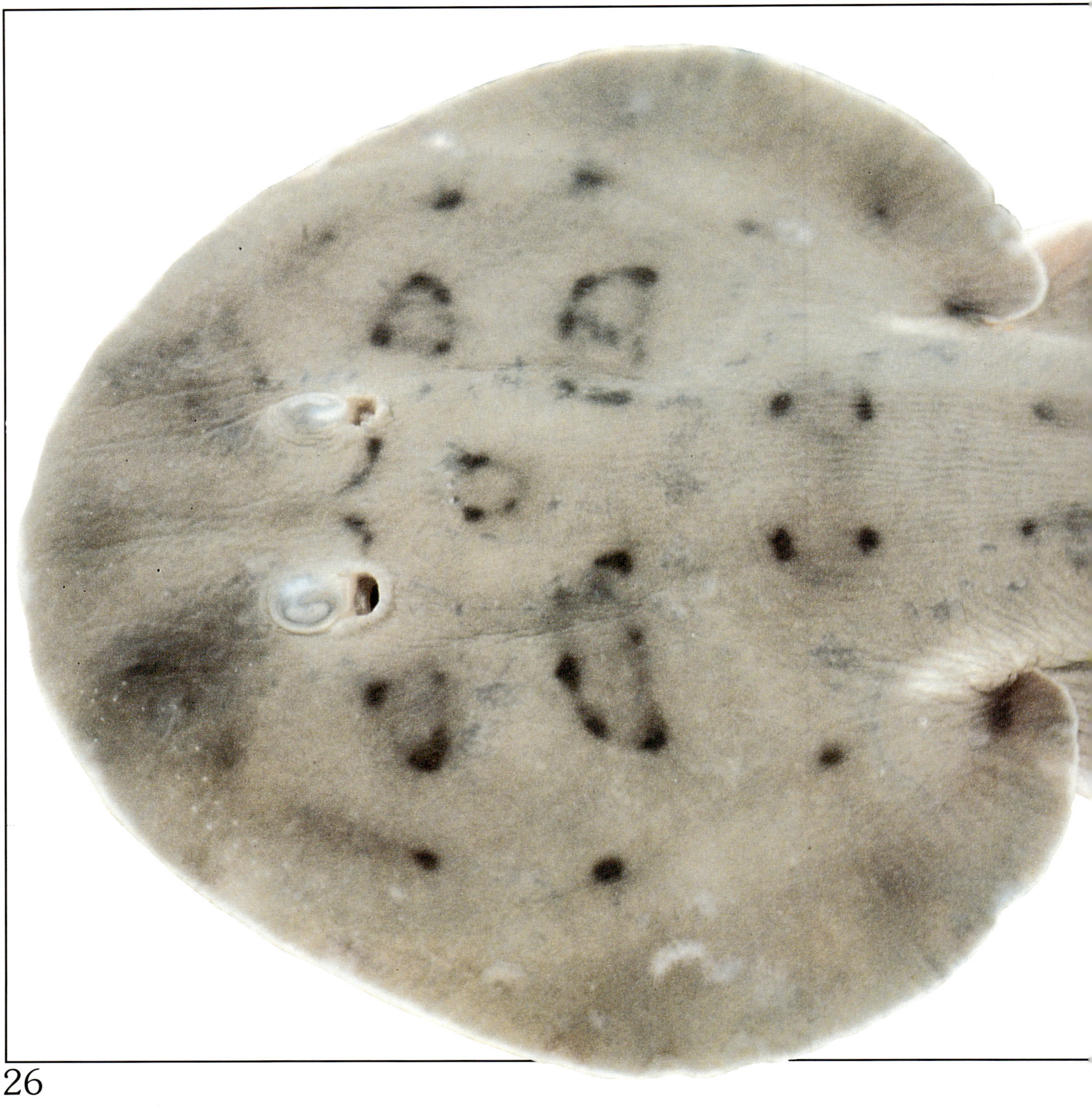

Quel animal dérobe la nourriture des autres ?

Le labbe parasite «chipe» sa nourriture ! Cet oiseau vole très rapidement. Il poursuit d'autres oiseaux et les force à lâcher leur poisson qu'il attrape alors en plein vol.

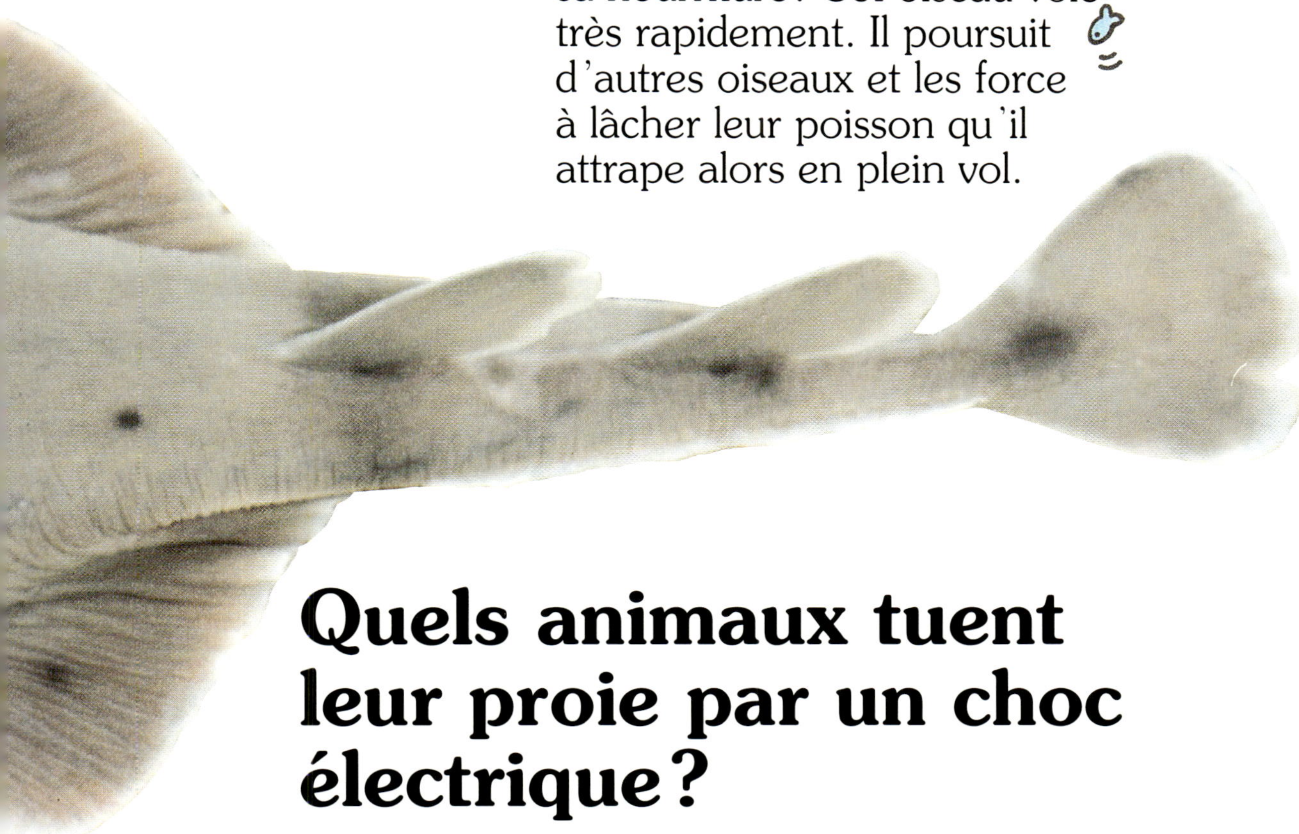

Quels animaux tuent leur proie par un choc électrique ?

Les torpilles pêchent en assommant les poissons par un choc électrique. Elles utilisent aussi cette méthode pour se défendre contre leurs ennemis. La plus grande torpille mesure plus de 2 m.

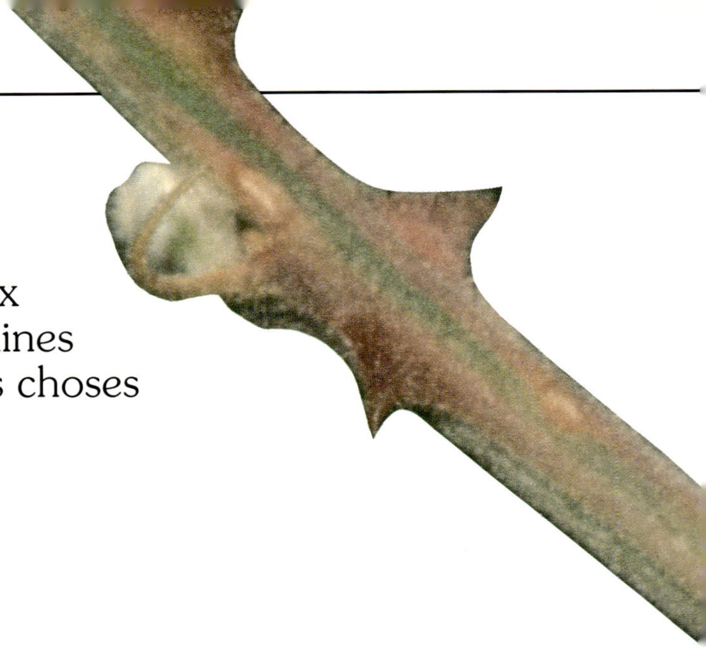

Quels animaux avalent des cailloux?

De nombreux oiseaux avalent des cailloux ou du gravier pour mieux moudre les graines qu'ils mangent. Mais certains avalent des choses beaucoup plus étranges. On a découvert qu'une autruche avait avalé des crayons, des peignes et des pièces de monnaie.

Quels animaux se nourrissent de bois?

Les larves de certains coléoptères vivent dans le bois, souvent dans celui des meubles de nos maisons. Ces vers peuvent passer plusieurs années à grignoter le bois et à devenir adultes. Le bois qui a été attaqué de la sorte est perforé de petits trous par lesquels les adultes s'échappent.

Index

A

araignée 13
autruche 28

B

boa constrictor 10

C

chimpanzé 25
couleurs 14
crotale 10

E

éléphant 21
eumèces 17

F

fourmi 20
fourmi à miel 23
fourmilier 20

G

grand requin blanc 19

K

koala 15

L

labbe parasite 27
larve de coléoptère 28
loutre de mer 25

M

macaque du Japon 22
moustique 18
musaraigne pygmée 9

P

poisson-archer 13
python 10

R

réduve 16
rorqual bleu 8

S

sangsue 18
serpent 10

T

termite 16, 20, 25
torpille 27

V

vampire 18

Origine des photographies:
Couverture et pages 10/11 et 26/27: Planet Earth Pictures; pages 5, 6, 8/9, 12/13, 16/17, 18/19, 20/21, 22/23, 24 et 28/29: Bruce Coleman Limited; pages 14/15: Survival Anglia Photo Library.